BEI GRIN MACHT SICH IHR WISSEN BEZAHLT

AF152073

- Wir veröffentlichen Ihre Hausarbeit,
  Bachelor- und Masterarbeit

- Ihr eigenes eBook und Buch -
  weltweit in allen wichtigen Shops

- Verdienen Sie an jedem Verkauf

Jetzt bei www.GRIN.com hochladen und kostenlos publizieren

GRIN

David Lindner

Aus der Reihe: e-fellows.net stipendiaten-wissen

e-fellows.net (Hrsg.)

Band 856

Funktionsweise und Abwehr von Denial of Service-Attacken am Beispiel von TCP-SYN-Anfragen

GRIN Verlag

Bibliografische Information der Deutschen Nationalbibliothek:

Die Deutsche Bibliothek verzeichnet diese Publikation in der Deutschen National-
bibliografie; detaillierte bibliografische Daten sind im Internet über http://dnb.d-
nb.de/ abrufbar.

Impressum:

Copyright © 2012 GRIN Verlag GmbH
Druck und Bindung: Books on Demand GmbH, Norderstedt Germany
ISBN: 978-3-656-54898-0

Dieses Buch bei GRIN:

http://www.grin.com/de/e-book/232191/funktionsweise-und-abwehr-von-denial-
of-service-attacken-am-beispiel-von

GRIN - Your knowledge has value

Der GRIN Verlag publiziert seit 1998 wissenschaftliche Arbeiten von Studenten, Hochschullehrern und anderen Akademikern als eBook und gedrucktes Buch. Die Verlagswebsite www.grin.com ist die ideale Plattform zur Veröffentlichung von Hausarbeiten, Abschlussarbeiten, wissenschaftlichen Aufsätzen, Dissertationen und Fachbüchern.

Besuchen Sie uns im Internet:

http://www.grin.com/

http://www.facebook.com/grincom

http://www.twitter.com/grin_com

Funktionsweise und Abwehr von Denial of Service-Attacken am Beispiel von TCP-SYN-Anfragen

David Lindner

März 2012

Inhaltsverzeichnis

1 Einleitung

„WE ARE GLAD TO TELL YOU THAT http://www.mastercard.com/ is DOWN AND IT'S CONFIRMED!" (Greenberg, 08.12.2010)

„http://isitup.com/www.visa.com IT'S DOWN! KEEP FIRING!!!" (Mills, 08.12.2010)

So heißt es am 08. Dezember 2010 auf Twitter. Aktivisten des Kollektivs Anonymous greifen Webserver der Geldinstitute Mastercard und Visa an. Diese hatten am Tag zuvor Transaktionen der Plattform Wikileaks gesperrt. Der sogenannten „Operation Payback" waren auch schon an den Tagen zuvor die Internetauftritte von verschiedenen Unternehmen zum Opfer gefallen: z.b. des Schweizer Finanzinstituts PostFinance. Während mastercard.com am Nachmittag wieder erreichbar ist, bleibt visa.com bis zum Abend offline. In den folgenden Tagen werden noch weitere Webseiten, einschließlich paypalblog.com und moneybookers.com, angegriffen und kurzzeitig offline gezwungen. Ein Angriff auf den Online-Händler Amazon verläuft dagegen nicht erfolgreich.

Im Rahmen der Wikileaks-Affäre erhält diese Protestaktion viel Aufmerksamkeit seitens der Medien. Die Rede ist oft vom „Cyberwar" (Weisenthal, 08.12.2010) oder vom „Datenkrieg" (Frühauf und Schmidt, 09.12.2010). Der Jurist Evgeny Morozov vergleicht die Angriffe dagegen mit Sitzblockaden. (Morozov, 09.12.2010) Dieser Vergleich ist technisch betrachtet naheliegend. In diesem Fall haben Aktivisten freiwillig ihre Bandbreite zur Verfügung gestellt um gemeinsam bestimmte Webseiten zu überlasten. Anders als oft verwendete Beschreibungen, wie „Hacker-Großangriff" (Spiegel, 08.12.2010) vermuten lassen haben sich die Angreifer keinen Zugriff auf fremde Rechner verschafft.

Doch das ist bei weitem nicht immer so. Meist werden derartige Angriffe von Kriminellen mit Hilfe von Botnets ausgeführt. Das sind Netzwerke bestehend aus Computern, die mit versteckten Trojanern infiziert sind. Diese einzelnen Bots können unter anderem dazu verwendet werden, ohne das Wissen des Anwenders Webserver anzugreifen. Diese Angriffsform nennt man Distributed Denial of Service – kurz DDoS.

2 Denial of Service

Denial of Service bedeutet übersetzt etwa „Verweigerung des Dienstes". Der Begriff beschreibt zunächst die Folge der Überlastung von Netzwerkinfrastruktur. Dienste werden in Netzwerken vorwiegend von Servern angeboten. Dementsprechend bezieht sich der Begriff DoS im Normalfall auf die Überlastung von solchen.

Wird z.B. eine kleine Webseite, mit nur wenigen täglichen Besuchern und keiner großen Infrastruktur, plötzlich um ein vielfaches häufiger aufgerufen, kann ein DoS auftreten. Der Server ist nicht auf einen solchen Ansturm vorbereitet und verweigert ab einer bestimmten Zahl an Aufrufen seinen Dienst. Ein solches Phänomen kann z.b. durch die Erwähnung einer kleinen Webseite in einem deutlich größeren Medium ausgelöst werden. Nach dem IT-Online-Magazin slashdot.com spricht man deshalb auch vom „Slashdot-Effckt". (Wikipedia DE „Denial of Service")

Ein DoS kann aber auch durch einen mutwilligen Angriff verursacht werden. Tatsächlich wird der Begriff „Denial of Service" heute meist synonym für einen solchen Angriff verwendet. Ein Angreifer kann einen DoS auf unterschiedliche Arten hervorrufen, indem er verschiedene Aspekte der Verbindung zum Server angreift.

2.1 Physikalischer Angriff

Eine naheliegende Möglichkeit, einen DoS zu verursachen ist es, die physikalische Datenübertragung zu blockieren und somit jede Verbindung zum Server zu verhindern. Im einfachsten Fall bedeutet dies, eine Übertragungsleitung zu zerstören, also z.B ein Kabel durch zu schneiden. In drahtlosen Netzwerken besteht die Möglichkeit, einen Störsender einzusetzen um die Übertragung von Daten zu verhindern. Ein derartiger Angriff ist immer dann möglich, wenn der Angreifer direkten Zugriff zu Server oder Übertragungsmedium hat. In den meisten Fällen kann man einen physikalischen Zugriff aber relativ leicht unterbinden.

2.2 Erzeugung eines Ressourcenmangels

Der Slashdot-Effekt entsteht dann, wenn die Ressourcen eines Servers vollständig ausgelastet sind, weil zu viele Clients sich mit dem Server verbinden möchten. Wenn ein Angreifer über genug Bandbreite verfügt, kann er diesen Effekt aber auch mutwillig herbeiführen. Die Idee hier ist es, den Server durch das Aufbauen von vielen validen Verbindungen zu überlasten. Wenn ein solcher Angriff mithilfe eines Botnetzwerks ausgeführt wird, ist es fast unmöglich, ihn von einem normalen Besucheransturm zu unterscheiden. Daher beschränken sich die wirksamen Gegenmaßnahmen auf ein Aufrüsten der Server-Hardware, bzw. eine Verteilung des Traffic auf mehrere Server.

2.3 Ausnutzung von Implementierungsschwächen

Ein Dienst kann auch durch das Ausnutzen einer Lücke in der Implementierung von Netzwerkprotokollen außer Kraft gesetzt werden. Eine solche Schwäche in der Implementierung des HTTP-Protokolls in vielen Webservern nutzt die 2009 veröffentlichte Software „Slowloris" aus. Slowloris sendet regelmäßig unvollständige HTTP-Anfragen an einen Webserver und hält so mehrere Verbindungen zugleich offen. Da die Anzahl der offenen Verbindungen, die ein Webserver verwalten kann, begrenzt ist, werden als Folge reguläre Anfragen von anderen Usern abgeblockt. Dieser Angriff ist aber nur gegen Webserver effektiv, die die einzelnen Verbindungen in Threads verwalten, also jeder Verbindung einen solchen Unterprozess zuordnen. Während Slowloris z.B. einen Apache Webserver in der Standardkonfiguration auch heute noch erfolgreich angreifen kann, war der Microsoft Webserver IIS von Beginn an nicht betroffen. (Hansen)

Implementierungsfehler können nahezu immer durch entsprechende Patches behoben werden. Eine andere Möglichkeit ist es, mithilfe von Paketfiltern oder Firewalls gezielt Angriffspakete mit bestimmten Eigenschaften zu blockieren. Bei einem Angriff durch Slowloris ist es einfacher die Angriffspakete zu blockieren, anstatt die Verwaltung der HTTP-Verbindungen komplett zu ändern. Indem man z.B. die Anzahl der offenen Verbindungen pro IP herabsetzt, kann man zumindest den Angriff von einer einzelnen Maschine weitgehend verhindern.

2.4 Ausnutzung von Protokollschwächen

Deutlich schwerer abzuwehren ist ein DoS-Angriff, der eine Protokollschwäche ausnutzt. Wenn bereits ein Fehler im Entwurf eines Protokolls einen DoS-Angriff ermöglicht, gibt es meist nur wenige Möglichkeiten, das Problem zu beheben. Anders als eine Software kann ein Protokoll nicht einfach aktualisiert werden. Wie die Umstellung des Internet Protocol von Version 4 auf Version 6 zeigt, ist eine solche Aktualisierung ein lange andauernder Prozess. Also muss man eine Protokollschwäche zunächst durch die Implementation kompensieren. Neuere Protokolle werden mit den heutigen Sicherheitsanforderungen als Grundlage erstellt. Doch man muss bedenken, dass die als Basis für das Internet genutzten Protokolle der TCP/IP-Familie schon vor mehr als 30 Jahren entwickelt wurden.

Das Beispiel Slowloris basiert in gewisser Weise auch auf einer solchen Protokollschwäche. Die Möglichkeit unvollständige Anfragen zu senden ist im HTTP-Protokoll nämlich als Feature integriert, um Verbindungsfehler auszugleichen. Dieser grundlegende Angriff funktioniert also gegen jeden Webserver und ist auch nicht durch einen Patch zu beheben. Auch wenn die beschriebene Implementierungslücke nicht besteht, kann diese Eigenschaft des HTTP-Protokolls in einem DDoS-Angriff genutzt werden um die Ressourcen des Servers zu erschöpfen.

Eine der bekanntesten DoS-Attacken, die ein Protokoll angreift, ist der so genannte „TCP-SYN-Flood".

3 TCP-SYN-Flood

3.1 Das TCP-Protokoll

Das „Transmission Control Protocol"
ist, wie der Name nahelegt, ein Protokoll für den Austausch von Daten.
Im OSI-Schichtenmodell (siehe Abb.
1) ist TCP auf der 4. Ebene, der
Transportschicht angesiedelt. Es ist
das im modernen Internet meist genutzte Protokoll zur Datenübertragung. Dieser Erfolg hängt vor allem
mit der Zuverlässigkeit des Protokolls
zusammen. Ein zuverlässiges Protokoll sorgt dafür, dass gesendete Daten vollständig, in richtiger Reihenfolge und ohne Duplikate beim Empfänger ankommen. Zu diesem Zweck verwendet TCP u.a. eine Segmentierung

Schicht	Funktion	Beispiel
7	Anwendung	HTTP
6	Darstellung	HTTP
5	Sitzung	HTTP
4	Transport	TCP
3	Vermittlung	IP
2	Sicherung	Ethernet
1	Bitübertragung	Ethernet

Abbildung 1: *OSI-Schichtenmodell*
Ein standardisiertes Referenzmodell für
Kommunikationssysteme. Im Internet
verwirklichen manche Protokolle mehre-
re Schichten.

der Daten in Verbindung mit Sequenznummern und Empfangsbestätigungen
sowie Prüfsummen. Zudem funktioniert TCP verbindungsorientiert, d.h. es
wird zunächst eine Verbindung zwischen zwei Endpunkten (Sockets) aufgebaut. Danach können Daten in beide Richtungen versandt werden. Es gibt
im TCP-Protokoll also keine wirkliche Unterscheidung zwischen Server und
Client.

Die eigentliche Datenübertragung läuft in Form von Paketen ab. Diese bestehen aus einem Header, in dem Eigenschaften des Pakets, wie Sequenznummern, Prüfsummen oder bestimmte Control-Flags, festgelegt werden und einem Nutzdaten-Block, der die zu übertragenen Daten enthält. Im „normalen"
Internet ist die Größe eines TCP-Pakets auf 1500 Byte limitiert. Ohne die je 20
Byte für IP- und TCP-Header bleiben 1460 Byte für die tatsächlichen Daten.

Wenn ein Datenblock gesendet werden soll, wird er zunächst in Segmente mit dieser festgelegten Größe unterteilt. Diese Segmente werden mit aufsteigender Sequenznummer gesendet und beim Empfang bestätigt. Wenn der Sender eine bestimmte Zeit lang keine Bestätigung zu einem Paket erhält, sendet er es erneut. Sind alle Pakete beim Empfänger angekommen, setzt er sie entsprechend der Nummerierung zusammen. Dadurch ist es egal, in welcher Reihenfolge die Pakete ankommen oder ob Pakete doppelt vorhanden sind. Der Empfänger hat trotzdem die vollständigen Daten.

Doch bevor auf diese Weise Daten übertragen werden können, muss die Verbindung zwischen zwei Computern aufgebaut werden. Im TCP-Protokoll geschieht dies durch den so genannten „3-Wege-Handshake". Einer der Verbindungspartner muss den Verbindungsaufbau initiieren. Obwohl diese Unterscheidung nach dem Verbindungsaufbau nicht besteht, spricht man bei diesem Vorgang oft vom Initiator als Client und seinem Verbindungspartner als Server.

3.1.1 Der 3-Wege-Handshake

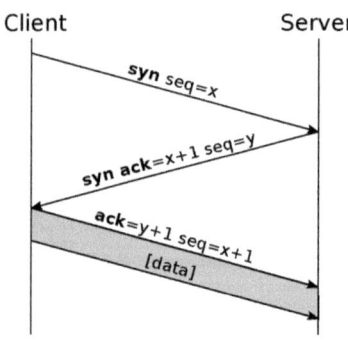

Client   **Server**

syn seq=x

syn ack=x+1 seq=y

ack=y+1 seq=x+1
[data]

Abbildung 2: *TCP-Handshake (Wikipedia DE „Transmission Control Protocol")*

Zuerst sendet der Client ein einzelnes Paket mit beliebiger Sequenznummer x an den Server. In diesem Paket ist das SYN-Bit (synchronize) im Header gesetzt. Der Server kann diese Anfrage mit einem RST-Paket (restrict) ablehnen, oder dem Verbindungsaufbau zustimmen indem er ein SYN-ACK-Paket sendet. Dieses Paket hat das ACK-Bit (acknowledge) sowie das SYN-Bit gesetzt und enthält die Sequenznummer des SYN-Pakets um eins erhöht (x+1) als Acknowledgementnummer im Header um den Empfang der Anfrage zu bestätigen. Gleichzeitig wird eine neue zufällige Sequenznummer y verwendet, da dies das erste vom Server versendete Paket ist. Der Server bestätigt also die Synchronisierungsanfrage des Clients und fordert gleichzeitig eine Synchronisierung in die andere Richtung mit dem SYN-Bit. Zuletzt beantwortet der Client diese Anfrage mit einem reinen ACK-Paket, welches die Sequenznummer des Servers bestätigt (y+1). Ab diesem Punkt ist die Verbindung aufgebaut und es können in beide Richtungen Daten versendet werden. (siehe auch Abb. 2) Die Synchronisierung in beide Richtungen ist notwendig, um es beiden Verbindungsteilnehmern zu ermöglichen, alle folgenden Pakete richtig zu ordnen.

3.2 Angriff

Die Idee eines SYN-Floods ist es, den 3-Wege-Handshake auszunutzen indem nur das erste SYN-Paket gesendet wird. Der Server erhält das Paket und sendet ein entsprechendes SYN-ACK-Paket als Antwort. Jetzt wartet der Server auf das ACK seitens des Client. Auch wenn dieses nicht eintrifft, muss der Server noch eine gewisse Zeit die Verbindung offen halten — das Paket könnte auch verzögert eintreffen — bevor er den Verbindungsaufbau abbricht. Während diese so genannte „halb offene Verbindung" besteht muss der Server die Adresse des Clients und den Status der Verbindung zwischenspeichern, um ein ankommendes ACK-Paket zuordnen zu können und eine entsprechende Verbindung öffnen zu können.

Zur Speicherung dieser Daten sieht die TCP-Spezifikation (Postel, 1981) eine Datenstruktur vor, die „Transmission Control Block" (TCB) genannt wird. Bei Empfang eines SYN-Pakets legt der Server also einen solchen TCB an und nutzt diesen dann, wenn er das ACK-Paket erhält, um die Verbindung aufzubauen, oder verwirft ihn nach einer bestimmten Wartezeit wieder. Wie genau diese Struktur implementiert wird, ist nicht festgelegt. Dementsprechend variiert die Größe eines TCB bei verschiedenen Betriebssystemen. Doch in jedem Fall verbraucht die Datenstruktur Platz im Systemspeicher. Da dieser aber immer begrenzt ist, kann ein Server nicht beliebig viele Verbindungen offen halten. Um zu verhindern, dass der Speicher vollständig erschöpft wird, verwenden die meisten TCP-Implementationen einen speziellen Puffer, in dem die Verbindungsdaten zu halb offenen Verbindungen gespeichert werden. Dieser wird „backlog queue" oder auch kurz „backlog" genannt. Wenn die Anzahl der Verbindungen, die der Server aufrecht erhält, diesen backlog füllt, werden neue SYN-Anfragen sofort mit RST-Paketen abgelehnt, oder sogar vollständig ignoriert. Ein Standardwert für die Größe des backlogs ist bei Linux z.B. 256. Das heißt, wenn 256 halb offene Verbindungen bestehen, werden neue Verbindungsanfragen abgelehnt.

Und hier setzt der Angriff an. Das Ziel eines SYN-Floods ist es nicht, die Netzwerkbandbreite eines Servers zu erschöpfen, sondern seinen backlog mit halb offenen Verbindungen zu füllen und so einen DoS auszulösen. Um dies zu erreichen, sendet der Angreifer sehr viele SYN-Pakete über einen längeren Zeitraum in Wellen an einen Server. Idealerweise ist die Anzahl der Pakete pro Welle genau so hoch wie der backlog des Hosts. Die Frequenz, mit der sie gesendet werden, wird entsprechend der Zeit, die der Host die Verbindung offen hält gewählt. Alternativ können die Pakete dauerhaft und nicht in Wellen gesendet werden. Das erfordert zwar mehr Bandbreite, macht aber eine Anpassung des Angriffs auf das Ziel überflüssig. Um zu verhindern, dass die Angriffspakete einfach heraus gefiltert werden können, verwendet der Angreifer meist mehrere gefälschte Absenderadressen. Da das IP-Protokoll nicht unter hohen Sicherheitstandards entworfen wurde, gibt es keinen eingebauten Mechanismus zur Verifizierung des Absenders eines Pakets. Die verwendeten Absenderadressen können allerdings nicht beliebig gewählt werden. Sie müssen existieren, dürfen aber nicht auf die SYN-ACK-Pakete des Servers reagieren, damit der Handshake nicht von einem Beteiligten frühzeitig abgebrochen wird. Deutlich verbreiteter ist heute aber die Anwendung als DDoS mithilfe eines Botnets. Bei dieser Methode steht dem Angreifer meist eine äußerst hohe Bandbreite zur Verfügung, und die potenziell aufwändige Auswahl von Absenderadressen entfällt.

3.3 Gegenmaßnahmen

3.3.1 Backlog oder Wartezeit variieren

Die einfachste Möglichkeit, die Effektivität eines SYN-Floods zu vermindern, besteht darin, die Größe des backlogs zu erhöhen. Server haben heutzutage sehr große Arbeitsspeicher, daher ist es grundsätzlich kein Problem, sehr viele halb offene Verbindungen zuzulassen. Alternativ dazu kann man auch die Zeit verringern, die der Server auf das abschließende ACK-Paket wartet. Hierbei muss allerdings darauf geachtet werden, dass ein normaler Verbindungsaufbau weiterhin möglich ist und die kürzere Wartezeit auch für langsame Clients lange genug ist.

Bei einem DDoS muss man davon ausgehen, dass der Angreifer seine Bandbreite sehr einfach um ein Vielfaches erhöhen kann. Werden nur diese einfachen Maßnahmen ergriffen, muss der Angreifer die Anzahl bzw. die Frequenz der gesendeten Pakete nur linear erhöhen, um weiterhin Erfolg zu haben. Daher sind diese Abwehrmaßnahmen als ineffektiv anzusehen.

3.3.2 Alte Verbindungen schließen

Eine andere Möglichkeit ist es, die älteste halb offene Verbindung zu verwerfen, sobald der backlog voll ist. Dadurch sind normale Verbindungsaufbauten auch dann möglich, wenn der Angreifer den gesamten backlog mit Anfragen gefüllt hat. Dieser Ansatz setzt voraus, dass ein normaler Verbindungsaufbau abgeschlossen ist, bevor der backlog erneut vom Angreifer gefüllt wird. Kombiniert mit einer Vergrößerung des backlogs können kleinere SYN-Floods auf diese Weise erfolgreich abgewehrt werden. Doch grundsätzlich kann auch diese Verteidigung verhältnismäßig leicht mit einer höheren Bandbreite bzw. einem größeren Botnet überwunden werden.

Deutlich effektiver sind dagegen Maßnahmen, die darauf abzielen, den benötigten Speicher pro halb offener Verbindung zu verringern.

3.3.3 SYN-Cache

Die Datenstruktur „Transmission Control Block" ist mit dem Ziel entworfen worden, alle Daten zu speichern, die für das Aufrechterhalten einer TCP-Verbindung notwendig sind. Außer dem Status einer Verbindung – im Groben, ob die Verbindung gerade aufgebaut wird, hergestellt ist oder geschlossen wird – sind das z.b. Informationen, die für die Verwendung von Sequenznummern und der richtigen Ordnung von empfangenen Paketen notwendig sind. So muss gespeichert werden, welche Nummer das letzte gesendete Paket hatte, welches Paket zuletzt vom Verbindungspartner bestätigt wurde sowie analog welches Paket zuletzt empfangen wurde und welche Bestätigung zuletzt versendet wurde. Dazu kommen noch Informationen, die mit der tatsächlichen Segmentierung der Daten zusammen hängen, z.b. die Segmentgröße. Allerdings sind die meisten dieser Informationen während des Verbindungsaufbaus noch unerheblich.

Auf dieser Tatsache beruht der Einsatz eines so genannten „SYN-Caches". Hier werden für halboffene Verbindungen Datenstrukturen verwendet, die nur die für diesen Verbindungsstatus notwendigen Informationen speichern. Diese werden nach Abschluss des 3-Wege-Handshakes zu vollwertigen TCBs erweitert. Durch diesen Ansatz kann der pro halb offener Verbindung benötigte Speicher bis auf ein Viertel reduziert werden. In Tests unter FreeBSD (Lemon, 2002) benötigte eine halb offene Verbindung bei aktiviertem SYN-Cache 160 Bytes, während ein vollständiger TCB 736 Bytes verbrauchte. Ein SYN-Cache reichte in diesen Tests aus, einem SYN-Flood mit einer Bandbreite von 10MB/s – nach heutigen Verhältnissen ein sehr kleiner Wert – fast vollständig zu widerstehen.

Ein SYN-Cache ist sicherlich deutlich effektiver als die zuvor genannten Maßnahmen. Allerdings kann auch ein solcher durch eine um das Vierfache erhöhte Bandbreite umgangen werden.

3.3.4 SYN-Cookies

Die so genannten SYN-Cookies gehen noch einen Schritt weiter. Hier werden sogar noch weniger Informationen gespeichert als im SYN-Cache. Dies wird erreicht, indem bestimmte selten genutzte TCP-Funktionen, wie z.b. benutzerdefinierte Segmentgrößen, deaktiviert werden. So wird statt der vollständigen Segmentgröße nur noch ein drei Bit großer Code gespeichert, der für eine von acht Standardgrößen steht. Tatsächlich werden neben diesem Code lediglich IP-Adresse und Port des Verbindungspartners, sowie ein aktueller Zeitstempel gespeichert. Doch zur Speicherung wird nicht wie üblich eine Datenstruktur angewendet.

Stattdessen kommt ein spezielles Verfahren zum Einsatz: Die Informationen werden mit einer beliebigen Hashfunktion zu einem 32 Bit Hashwert verarbeitet und als initiale Sequenznummer des Servers im SYN-ACK-Paket verwendet. Dies ist möglich, da die TCP-Spezifikation keine Vorgaben zur Wahl dieser initialen Nummer macht. Wenn der Server jetzt das abschließende ACK-Paket erhält, ist in diesem als Acknowledgementnummer der zuvor erzeugten Hash-Wert um eins inkrementiert vorhanden. Der Server dekrementiert den Wert wieder und berechnet aus den Informationen im ACK-Paket erneut einen Hash. Wenn beide Hash-Werte übereinstimmen, weiß der Server, das das ACK-Paket einen validen 3-Wege-Handshake abschließt. Somit kann jetzt ein vollständiger TCB erzeugt werden und die Verbindung ist hergestellt.

Durch den Einsatz dieser Methode muss der Server während des gesamten Verbindungsaufbaus keine Daten zwischenspeichern und die Gefahr eines DoS durch das Füllen des backlogs ist damit nicht mehr gegeben. SYN-Cookies widersprechen zwar nicht den Protokoll-Spezifikationen und sind daher mit allen TCP-Implementationen kompatibel. Dennoch sind sie eher als „Hack" anzusehen, da die Sequenznummer auf eine Art genutzt wird, die im Protokoll nicht vorgesehen ist. SYN-Cookies haben den großen Nachteil, dass sie praktisch alle benutzerdefinierten TCP-Optionen deaktivieren. Da diese aber häufig nicht verwendet werden, sind SYN-Cookies in den meisten Fällen die effektivste Maßnahme gegen einen SYN-Flood.

3.3.5 Praxis

Aufgrund des doch vorhandenen klaren Nachteils von SYN-Cookies werden in der Praxis normalerweise Hybridlösungen verwendet. Es wird häufig ein SYN-Cache verwendet, in welchem die ältesten Einträge verworfen werden, wenn der Cache voll ist. Dies alleine kann schon die meisten kleinen bis mittelgroßen SYN-Floods verhindern. Im tatsächlichen Angriffsfall können dann SYN-Cookies als akute Gegenmaßnahme verwendet werden. Oft findet die Aktivierung von SYN-Cookies bei einer hohen Zahl von halboffen Verbindungen automatisch statt. Dadurch kann man einem möglichen Angriff optimal vorbeugen, ohne dauerhaft auf TCP-Optionen verzichten zu müssen.

4 Ausblick

Wenn man sich mit den verschiedenen Abwehrmaßnahmen gegen DoS-Angriffe beschäftigt, erkennt man schnell, dass es für die meisten Angriffe keinen perfekten Schutz geben kann. Wie oft in der IT-Sicherheit kann man auch hier nur versuchen, den Angriff so stark wie möglich zu erschweren. Aber es besteht dennoch immer die Gefahr, dass ein DDoS-Angriff mit ausreichend hoher Bandbreite alle Schutzmaßnahmen nutzlos werden lässt. Die einzige Maßnahme gegen solche Angriffe ist ein massiver Einsatz von Hardware, oft in Form von Firewalls, die den Angriff vor dem eigentlichen Server abfängt.

Während derartige Angriffe in der Vergangenheit fast ausschließlich Werkzeuge von Cyber-Kriminellen waren und z.b. zur Erpressung von Online-Shops verwendet oder als bezahlte Dienstleistung angeboten wurden, werden sie immer öfter auch politisch motiviert oder als Form digitalen Protests durchgeführt. Die Angriffe im Zusammenhang mit der Wikileaks-Affäre sind zwar das populärste, aber bei weitem nicht das einzige Beispiel. Tatsächlich ergab eine Studie des auf DDoS-Angriffe spezialisierten IT-Security-Unternehmens „Arbor Networks" (Leyden, 08.02.2012), dass im Jahr 2011 zum ersten Mal nicht die finanziell motivierten Angriffe den Großteil ausmachten. Das Unternehmen spricht von einer Demokratisierung der DDoS-Angriffe („democratisation of DDoS" (Leyden, 08.02.2012)). Gleichzeitig, so die Studie, sei im vergangenen Jahr die Zahl der DDoS-Angriffe mit hoher Bandbreite stark gestiegen.

Im Zusammenhang mit dieser Verlagerung der Motivation stellt sich immer wieder die Frage, in wie fern ein solcher Angriff eine Protestaktion und in wie fern es ein krimineller Akt ist. In Deutschland, wie auch in den meisten anderen Ländern, erfüllt die Durchführung von DDoS-Angriffen klar den Straftatbestand der „Computersabotage". (Wikipedia DE „Denial of Service") Dennoch liegt der schon erwähnte Vergleich mit Sitzblockaden nahe: Morozov meint, dass beide Formen des Widerstands dazu dienen, eine Handlung kurzzeitig zu blockieren, um auf einen problematischen Sachverhalt aufmerksam zu machen. In beiden Fällen entsteht kein dauerhafter Schaden. (Morozov, 09.12.2010) Allerdings trifft dieser Vergleich nur dann zu, wenn der Angriff ausschließlich von

Freiwilligen und ohne den Einsatz von Botnets durchgeführt wird. Denn auch eine Sitzblockade, bei der die Teilnehmer zur Teilnahme gezwungen werden, kann nicht als legale Protestaktion bezeichnet werden. Diese Unterscheidung fällt aber in der Praxis nicht leicht. Denn selbst, wenn sich viele Anonymous-Aktivisten in Chaträumen organisieren, um Finanzinstitute aus Protest anzugreifen, ist es sehr wahrscheinlich, dass einige von ihnen auch Botnets einsetzen. Auch von technischer Seite ist ein Angriff durch freiwillige Aktivisten kaum von einem Angriff durch infizierte PCs zu unterscheiden.

Aufgrund dieser schwer zu trennenden Verknüpfung von DDoS-Angriffen und Botnets ist es schwer, diese Angriffe als legale Protestform zu akzeptieren. Von daher ist auch die statistische Entwicklung der Motivation der Angriffe eher kritisch zu betrachten. Es mögen zwar weniger Angriffe von Erpressern durchgeführt werden, aber ist es wirklich besser wenn stattdessen die Anonymous-Splittergruppe „Lulzsec" aus unbekannten Gründen die Webseiten von CIA oder SOCA angreift? (Halliday, 21.06.2011)

Auch in Zukunft werden groß angelegte DDoS-Angriffe vermutlich noch häufiger und damit bedrohlicher. Doch der größte Teil von diesen wird auch weiterhin zweifelhafte Motive haben, auch wenn diese jetzt eher politische als finanzielle Grundlagen haben.

Literatur

Bernstein, D. J. SYN cookies. URL http://cr.yp.to/syncookies.html. [Zugriff: 26.02.2012 14:23].

Bless, Roland et al, 2005. *Sichere Netzwerkkommunikation: Grundlagen, Protokolle und Architekturen.* Springer, Berlin.

Eckert, Claudia, 2002/2003. Distributed Denial of Service: Angriffswerkzeuge und Abwehrmöglichkeiten. Technischer Bericht, Fachgebiet Sicherheit in der Informationstechnik - TU Darmstadt. URL www.computec.ch/_files/ downloads/dokumente/denial_of_service/distributed_denial_of_ service-angriffswerkzeuge_und_abwehrmoeglichkeiten.pdf.

Eckert, Claudia, 2003. *IT-Sicherheit : Konzepte - Verfahren - Protokolle.* Oldenbourg, München Wien.

Eddy, W., 2007. TCP SYN Flooding Attacks and Common Mitigations. RFC 4987 (Informational). URL http://www.ietf.org/rfc/rfc4987.txt.

Eddy, Wesley M., 2006. Defenses Against TCP SYN Flooding Attacks. *The Internet Protocol Journal*, 9(4): 2–16.

Frühauf, Markus und Schmidt, Holger, 09.12.2010. Attacke von Wikileaks-Unterstützern: Der Datenkrieg gegen Unternehmen geht weiter. URL http://www.faz.net/aktuell/wirtschaft/netzwirtschaft/attacke-von-wikileaks-unterstuetzern-der-datenkrieg-gegen-unternehmen-geht-weiter-1622387.html. [Zugriff: 07.02.2012 12:34].

Greenberg, Andy, 08.12.2010. MasterCard.com Taken Down By WikiLeaks Supporters, Twitter Next? URL http://www.forbes.com/sites/ andygreenberg/2010/12/08/mastercard-taken-down-by-wikileaks-supporters-twitter-next/. [Zugriff: 02.02.2012 17:23].

Halliday, Josh, 21.06.2011. Serious Organised Crime Agency takes down website after hacking attack. URL http://www.guardian.co. uk/technology/2011/jun/21/soca-website-hacking-lulzsec. [Zugriff: 13.03.2012 19:18].

Hansen, Robert.   Slowloris HTTP DoS.   URL http://ha.ckers.org/
slowloris/. [Zugriff: 13.02.2012 18:48].

Janowicz, Krzysztof, 2006. *Sicherheit im Internet*. O'Reilly, Beijing u.a.

Lemon, Jonathan, 2002. Resisting SYN flood DoS attacks with a SYN cache
URL http://people.freebsd.org/~jlemon/papers/syncache.pdf.

Leyden, John, 08.02.2012. Move over cybercrims, DDoS now protesters' wea
pon of choice. URL http://www.theregister.co.uk/2012/02/08/ddos_
attack_trends/. [Zugriff: 13.03.2012 18:21].

Mills, Elinor, 08.12.2010. Facebook, Twitter boot WikiLeaks supporters afte:
Visa attack. URL http://news.cnet.com/8301-31921_3-20025075-281.
html. [Zugriff: 04.02.2012 12:26].

Morozov, Evgeny, 09.12.2010. Parsing the impact of Anonymous. URI
http://neteffect.foreignpolicy.com/posts/2010/12/09/parsing_
the_impact_of_anonymous. [Zugriff: 07.02.2012 13:29].

Ohsita, Yuichi, 2005. *Detection and Defense Method against Distributed SY*
Flood Attacks. Diplomarbeit, Osaka University. URL www-mura.ist.osaka-
u.ac.jp/personal/y-ohsita/papers/mastersthesis.pdf.

Postel, J., 1981. Transmission Control Protocol. RFC 793 (Standard). URI
http://www.ietf.org/rfc/rfc793.txt.

Schmidt, Jürgen, 18.12.2003.   Dämme gegen die SYN-Flut.   URI
http://www.heise.de/security/artikel/Daemme-gegen-die-SYN-
Flut-270378.html. [Zugriff: 26.02.2012 13:54].

Spiegel, 08.12.2010. Hacker-Großangriff auf Mastercard, Visa & Co. URI
http://www.spiegel.de/netzwelt/web/0,1518,733520,00.html.   [Zu
griff: 07.02.2012 14:07].

Weisenthal, Joe, 08.12.2010.   CYBERWAR: Now Hackers Have Ta
ken Down Mastercard.com As Revenge For Julian Assange.   URI
http://www.businessinsider.com/cyber-hackers-that-took-down-

swiss-bank-site-have-now-taken-down-mastercardcom-2010-12.
[Zugriff: 07.02.2012 13:00].

Wikipedia DE, a. Denial of Service. URL http://de.wikipedia.org/wiki/
Denial_of_Service. [Zugriff: 04.02.2012 15:27].

Wikipedia DE, b. OSI-Modell. URL https://de.wikipedia.org/wiki/OSI-
Modell. [Zugriff: 02.02.2012 17:14].

Wikipedia DE, c. SYN-Flood. URL http://de.wikipedia.org/wiki/SYN-
Flood. [Zugriff: 03.03.2012 18:46].

Wikipedia DE, d.   Transmission Control Protocol.   URL http:
//de.wikipedia.org/wiki/Transmission_Control_Protocol.   [Zugriff:
16.02.2012 15:56].

Wikipedia EN, a. Operation Payback. URL http://en.wikipedia.org/w/
index.php?title=Operation_Payback. [Zugriff: 02.02.2012 17:14].

Wikipedia EN, b. Operation Payback. URL http://en.wikipedia.org/
wiki/SYN_cookies. [Zugriff: 07.03.2012 13:59].